Henriette Wich

Gutenacht-Geschichten
für die Kleinen

Mit Bildern von Marina Rachner

ellermann im Dressler Verlag GmbH · Hamburg

Ein Traum von der Traumfee

Eigentlich schläft Jenny schon. Als sie noch mal kurz blinzelt, steht
plötzlich eine Fee vor ihr. Jenny reibt sich die Augen. »Wer bist du?«
»Huch!«, ruft die Fee und zuckt zusammen. »Ich bin Malwine,
die Traumfee. Oje, ich hab mich verirrt.«
»Wo willst du denn hin?«, fragt Jenny.
»Zu Felix«, sagt Malwine.
»Das ist mein Bruder«, sagt Jenny. »Sein Zimmer
ist nebenan.«
Malwine flitzt zur Tür. »Jetzt aber schnell!
Ich muss ihm einen Feuerwehr-
Traum bringen.«
»Warte!«, ruft Jenny. »Ich will auch
von der Feuerwehr träumen.«
Malwine denkt nach. »Hmm …
Eigentlich verschenke ich jeden Traum
nur einmal.«
»Bitte!«, sagt Jenny.

Da lächelt Malwine. »Na gut.« Sie hüllt Jenny in eine Wolke aus glitzerndem Feenstaub. Sofort schläft Jenny ein. Im Traum fährt sie in einem knallroten Feuerwehrauto durch die Straßen.

Schlaf, Leni, schlaf!

Max mag seine kleine Schwester – wirklich! Aber seit Leni da ist,
schreit sie ganz oft. Jetzt schon wieder. Max beugt sich über
die Wiege und sagt: »Leni, hör endlich auf zu schreien!«
Doch Leni schreit weiter.
Mama sagt: »Sie ist müde und kann nicht einschlafen.«
»Ach so«, sagt Max. Das ist ihm auch schon mal passiert. Sanft
schaukelt Max die Wiege hin und her. Dazu singt er leise:
»Schlaf, Leni, schlaf! Ich weiß, du bist ganz brav …« Auf einmal
hört Leni auf zu schreien. Zwei Tränen kullern
noch über ihre roten Wangen. Kurz darauf
schlummert sie selig und lächelt im Schlaf.
»Wovon sie jetzt wohl träumt?«, flüstert Max.
Mama streicht ihm über den Kopf. »Bestimmt
von ihrem großen Bruder, der sie so toll in
den Schlaf gesungen hat.«
Max strahlt. Er mag seine kleine Schwester –
wirklich!

Träum schön, Tanja!

Mama hat Tanja ins Bett gebracht. Mama hat mit Tanja ein Lied gesungen. Und Mama hat Tanja einen Gutenachtkuss gegeben. Jetzt steht Mama auf und sagt: »Träum was Schönes, Tanja!«
»Was denn?«, fragt Tanja.
Mama denkt nach. »Du könntest von der Sonne träumen.«
»Und was noch?«, fragt Tanja.
Mama denkt wieder nach. »Du könntest vom Mond träumen.«
»Und was noch?«, fragt Tanja.
Mama denkt wieder nach. »Du könntest natürlich auch von den Sternen träumen.«
Tanja gähnt. »Und was noch?«, murmelt sie. Dabei fallen ihr die Augen zu.
Tanja träumt, dass sie fliegen kann. Sie fliegt hinauf in den Himmel. Dort geht die Sonne gerade unter. Tanja fliegt weiter zum Mond. Langsam geht er auf. Tausend Sterne funkeln am Himmel. Und auf einem Stern sitzt Mama und winkt Tanja zu.

Eine Sternschnuppe für Stefan

Jeden Abend nimmt Stefan seinen Drachen mit ins Bett. Aber heute ist
der Drache weg!
»Ohne meinen Drachen kann ich nicht einschlafen!«, sagt Stefan.
Oma legt den Arm um ihn. »Komm, wir machen noch einen kleinen
Spaziergang.«
Draußen ist es dunkel. Die Sterne leuchten. Auf einmal fällt eine Sternschnuppe herab. »Jetzt darfst du dir was wünschen«, sagt Oma.
Stefan wünscht sich, dass sein Drache wieder da ist. Langsam geht er
mit Oma nach Hause. Dabei starrt er in den Himmel. Plötzlich sieht
er, wie die Sterne wandern. Jetzt sehen sie aus wie sein Drache, nur viel
größer!
Als Stefan heimkommt, liegt der Drache auf seinem Bett. Stefan drückt
ihn ganz fest. »Wo warst du denn?« Der Drache sagt kein Wort, aber
seine Augen glitzern so hell wie die Sternschnuppe.

Zauber, zauber, Zaubertraum

Morgen ist der große Hexenwettbewerb. Kamilla braucht unbedingt einen tollen Zauberspruch. Aber ihr fällt einfach nichts ein. Mäuseschwanz und Spinnendreck, das darf doch nicht wahr sein! Um Mitternacht hat Kamilla immer noch keine gute Idee. Verzweifelt geht sie ins Bett und schläft ein.

Im Traum steht sie vor den anderen Hexen und sagt einen Zauberspruch auf: »Abrakadabra, Kamilla Riesenturbokato!«

Es knallt.

Funken sprühen.

Der Knall ist so laut, dass Kamilla davon aufwacht. »Das ist es!«, ruft sie, springt aus dem Bett und schreibt schnell den Zauberspruch auf.

Am nächsten Tag geht Kamilla zum Hexenwettbewerb und sagt: »Abrakadabra, Kamilla Riesenturbokato!«

Es knallt wieder, und plötzlich ist sie riesengroß. Die Hexen klatschen und jubeln. Und Kamilla bekommt den ersten Preis.

Simon und das Sandmännchen

Heute gibt es Salat zum Abendessen. »Schon wieder Salat!«, mault Simon.

Papa zwinkert ihm zu. »Wenn du ein bisschen davon isst, erzähl ich dir nachher eine Sandmännchen-Geschichte.«

Warum hat Papa das nicht gleich gesagt? Sofort isst Simon alles auf. Danach düst er ins Bad, putzt sich die Zähne und hüpft ins Bett.

Papa erzählt: »Wenn es dunkel wird, kommt das Sandmännchen auf die Erde …«

Auf einmal ist Simon schrecklich müde. Papas Stimme wird immer leiser. Plötzlich spürt Simon eine warme Hand auf der Schulter. »Bist du das Sandmännchen?«, fragt er.

»Ja«, sagt das Sandmännchen. »Ich streue jetzt Traumsand auf deine Decke.«

Leise rieselt der Traumsand herab. Und schon fängt Simon an zu träumen.

Ein Schlitten im Schnee

Svenja hat Fieber und liegt schon den ganzen Tag im Bett. Ihr Kopf ist ganz heiß, und die Decke ist viel zu dick und warm. Svenja schwitzt und wälzt sich im Bett herum. Endlich schläft sie ein.

Svenja träumt, dass sie auf einem Hügel steht. Es ist Winter, und alles ist weiß. Dicke Schneeflocken fallen vom Himmel und schmelzen auf ihrem Gesicht. Dann entdeckt Svenja einen Schlitten. Sie setzt sich darauf und saust den Berg hinunter. Der Wind pfeift ihr um die Nase. Immer schneller wird der Schlitten.

Als Svenja unten ankommt, purzelt sie in den Schnee. Der Schnee ist herrlich kühl. Svenja kullert darin herum und lacht. Vor lauter Lachen wacht sie auf. Sie liegt immer noch in ihrem Bett, aber ihr ist gar nicht mehr heiß. Und das Fieber ist weg-geschmolzen, wie Schnee in der Sonne.

Der kleine Affe träumt

Der kleine Affe sitzt auf einem Ast und sieht den anderen Affenkindern zu. Die sind alle schon viel größer und können viel besser klettern als er. Sie tollen herum und schwingen sich von Ast zu Ast. Wenn er doch nur mitspielen könnte! Soll er einfach fragen? Nein, lieber nicht, denkt der kleine Affe. Dann sagen sie bestimmt: »Du bist doch noch viel zu klein!«
Am Abend kuschelt sich der kleine Affe an seine Mama und schläft ein. Er träumt, dass er zu den Affenkindern geht und ganz laut fragt: »Darf ich mitspielen?«
»Klar!«, sagen die. Der kleine Affe macht vor Freude einen Purzelbaum. Dann tollt er mit den anderen herum. Mitten im Spielen wacht der kleine Affe auf. Und plötzlich weiß er: Gleich morgen früh wird er die anderen Affenkinder fragen, ob er mitspielen darf!

Vera wünscht sich was

Freitag ist Opa-Tag. Jeden Freitag kommt
Opa und spielt mit Vera. Nur heute kann
er nicht. Vera sitzt allein im Kinder-
zimmer. Sie holt ihre Bauklötze heraus,
aber ohne Opa macht das Spielen keinen Spaß.
Traurig legt Vera die Bauklötze weg. Dann macht
sie die Augen zu und flüstert: »Ich wünsche mir,
dass Opa doch noch kommt. Das wär so schön!«
Plötzlich rauscht es in ihren Ohren. Da hört sie
Opas Stimme: »Sei nicht traurig, Vera, spiel weiter!
Ich komm zu dir, ganz bald. Versprochen!«
Wieder rauscht es in ihren Ohren. Vera macht die
Augen auf. Sie ist immer noch allein im Kinder-
zimmer, aber sie ist nicht mehr traurig. Mit ihren
Bauklötzen baut sie ein wunderschönes großes
Haus, für Opa und Vera. Plötzlich klingelt es an
der Haustür. Vera springt auf, rennt in den Flur –
und fliegt in Opas Arme.

Achtung, Monsterjäger!

»Schlaf schön!«, sagt Papa. Konstantin starrt Papa an. »Warum machst du denn die Augen nicht zu?«, fragt Papa.

Konstantin flüstert: »Weil sonst das Bettmonster kommt. Das wartet so lange, bis ich die Augen zuhab, und dann schleicht es sich an.«

»Keine Angst!«, sagt Papa. »Ich bleib hier sitzen. Wenn das Monster kommt, verjag ich es.«

»Wirklich?«, fragt Konstantin.

»Wirklich«, sagt Papa.

Da macht Konstantin die Augen zu.

Auf einmal ist er sehr, sehr müde.

Fast wäre er eingeschlafen, da hört er plötzlich etwas rascheln.

Sofort schreckt er hoch und flüstert: »Ist das Monster da?«

Papa grinst. »Es war kurz da, aber ich hab es verscheucht. Das kommt nie wieder.«

»Toll!«, sagt Konstantin. Dann schläft er ein und träumt, wie Papa das Monster verjagt. Schreiend rennt es davon.

Kuschel und Wuschel

Kuschel und Wuschel liegen auf einer Wolke im Himmel. Eigentlich
sollten die beiden Traumschäfchen auf die Erde fliegen und den
Kindern beim Einschlafen helfen. Aber auf der Wolke ist es so schön
weich und warm! Kuschel und Wuschel machen nur ganz kurz die
Augen zu – und schon sind sie im Reich der Träume. Plötzlich wacht
Kuschel auf. Oh nein, der Mond ist schon aufgegangen! Schnell
weckt er Wuschel. »Wir müssen los!«
Kuschel und Wuschel sausen hinunter auf die Erde. Alle Häuser sind
dunkel. Alle Kinder schlafen schon. Nein, nicht alle! In einem Fenster
brennt Licht. Pauline ist noch wach. Die Traumschäfchen fliegen in
ihr Zimmer und kuscheln sich zu ihr unter die Decke. Bald schläft
Pauline ein. Leise fliegen Kuschel und Wuschel wieder zurück zu ihrer
Wolke und träumen weiter.